Inhalt

Kunststoffe - Globale Nachfrage steigt weiter, Biokunststoffe mit starken Wachstumsaussichten

Kernthesen

Beitrag

Fallbeispiele

Zahlen und Fakten

Weiterführende Literatur

Impressum

GENIOS BranchenWissen Nr. 02 vom 24.02.2012

Kunststoffe - Globale Nachfrage steigt weiter, Biokunststoffe mit starken Wachstumsaussichten

Anja Schneider

Kernthesen

- Innerhalb Europas ist Deutschland führend in der Kunststoffproduktion.
- Die deutsche Kunststoff verarbeitende Industrie hat 2011 Waren im Wert von 55,9 Milliarden Euro hergestellt und damit einen neuen Rekord aufgestellt.
- In Asien und dem Nahen Osten findet das größte Wachstum in Verbrauch und Produktion statt.

- Biokunststoffe machen noch weniger als ein Prozent am Gesamtmarkt für Kunststoffe aus; doch Marktbeobachter schreiben ihnen ein rasantes Wachstum zu.

Beitrag

Kunststofferzeuger mit positiven Erwartungen für das erste Halbjahr 2012

Mit der zweiten Jahreshälfte 2011 waren die Führungskräfte der deutschen Kunststoff erzeugenden Industrie nicht zufrieden. Die Erwartungen, die der sehr gute Geschäftsverlauf in den ersten sechs Monaten geweckt hatte, erfüllten sich nicht. Kunststofferzeuger und -distributeure berichten in der Mehrzahl über eine negative Geschäftsentwicklung in der zweiten Jahreshälfte. Für das erste Halbjahr 2012 ist die Branche wieder besser gestimmt. 31 Prozent der 484 an der Umfrage des Branchendienstes KI - Kunststoff Information beteiligten Unternehmen aus der Kunststoffbranche rechnen mit besseren Geschäften, während die Zahl derjenigen, die schlechtere Geschäfte erwarten, auf 19 Prozent sinkt. (1)

Deutsche Kunststofferzeuger sind die Nummer 1 in Europa

Innerhalb Europas ist Deutschland führend in der Kunststoffproduktion. Über 20 Millionen Tonnen Kunststoff werden hier produziert, mehr als 23 Milliarden Euro Umsatz werden im Jahr realisiert. Über 12 Millionen Tonnen Kunststoffe exportiert Deutschland ins Ausland, zu 73 Prozent innerhalb Europa. Damit erzielen die Erzeuger einen Umsatz in Höhe von 20,4 Milliarden Euro (Stand 2010). Die europäischen Kunststoffproduzenten setzten 2010 rund 104 Milliarden Euro um (ohne Verarbeitung). [Abb. 1]

Wenn die deutsche Kunststoffindustrie ihre starke Marktposition halten will, muss sie auch weiterhin sehr innovativ in Sachen Kunststoff als Werkstoff sein und Produkte entwickeln, die sich gut ins Ausland verkaufen lassen. Die wichtigsten Kunststoff-Anwendungsgebiete in Europa waren 2010 wieder die Verpackungen, die Bauindustrie, der Automobilbau und die Elektro- und Elektronikbranche. Weitere wichtige Kunststoffnachfrager sind die Bereiche Sport und Freizeit, Haushalt, Möbel, Medizin und Landwirtschaft. (2), (3)

Kunststoff verarbeitende Industrie 2011 im Rekordhoch

Die deutsche Kunststoff verarbeitende Industrie hat mit einem Plus von 8,8 Prozent im Jahr 2011 Waren im Wert von 55,9 Milliarden Euro hergestellt und damit einen neuen Rekord aufgestellt. Die verarbeitete Menge an Kunststoff erreichte 13,5 Millionen Tonnen. Für das laufende Jahr 2012 wird eine stabile Entwicklung auf bereits hohem Niveau erwartet. Die deutsche Kunststoff verarbeitende Industrie ist eher mittelständisch geprägt und beschäftigte 2011 rund 292 000 Mitarbeiter (plus 6,6 Prozent) in rund 2 700 Betrieben. Auch für 2012 sind die Auftragsbücher voll und die meisten Unternehmen erwarten wieder eine Umsatzsteigerung. Sorge bereiten lediglich die steigende Energie- und Rohstoffpreise. (7)

Produktion und Verbrauch wachsen in Asien am stärksten

Weltweit werden rund 265 Millionen Tonnen Kunststoff produziert (Stand 2010). Im Jahr 2010 wurde ein Wachstum um sechs Prozent erreicht. Im Jahr 2011 konnte nicht ganz an den Erfolg angeknüpft werden; endgültige Zahlen liegen noch nicht vor. Auch für die weiteren Jahre liegt das Wachstum voraussichtlich etwas niedriger. Prognosen zufolge soll sich der weltweite Kunststoffbedarf bis 2015 um durchschnittlich 4,7 Prozent pro Jahr auf 277 Millionen Tonnen erhöhen. (3)

Die meisten Kunststoffe produziert China (23,5 Prozent). Dahinter liegt Europa; hier wird etwa ein Fünftel (21,5 Prozent) hergestellt. Es folgen Nordamerika, die anderen asiatischen Länder und der Nahe Osten. Diese Reihenfolge könnte sich in den kommenden Jahren ändern, denn in Asien und dem Nahen Osten werden am meisten neue Kapazitäten in der Kunststoffproduktion aufgebaut. Hier findet auch das größte Wachstum im Verbrauch statt. Für Asien erwarten Experten ein Verbrauchswachstum von sechs Prozent pro Kopf und Jahr, in Europa hingegen mit rund drei Prozent nur die Hälfte. (2)

Starkes Wachstum bei Technischen Kunststoffen und Hochleistungspolymeren

Die mengenmäßig am meisten hergestellten Kunststoffe sind Polyethylen (PE), Polypropylen (PP), Polyvinylchlorid (PVC), Polystyrol (PS) und Polyetheneterephthalat (PET). Allerdings wachsen diese Standardkunststoffe nicht mehr sehr stark. Hier haben die Technischen Kunststoffe und

Hochleistungspolymere mittlerweile die Führung übernommen. Technische Polymere sind z. B. Acrylnitril-Butadiene-Styrol (ABS), Polyoxymethylen (POM), Polyamid (PA) oder Polycarbonat (PC). Zu den Hochleistungspolymeren zählen Polytetrafluorethylen (PTFE), Polyvinylidenfluorid (PVDF), Polyetheretherketon (PEEK), Polyphenylensulfid (PPS) oder flüssigkristalline Polymere (LCP). (3)

Aufsteiger: Biokunststoffe

Die Biokunststoffe und biologisch abbaubare Kunststoffe auf fossiler Basis zählen zu den Aufsteigern der Kunststoffindustrie. Biokunststoffe müssen biologisch abbaubar und kompostierbar sein oder biobasiert oder beides zugleich. Viele Hoffnungen werden in ihren Siegeszug gesetzt. Sie sollen das Klima schützen helfen, die Abfallproblematik lösen, zur Unabhängigkeit von fossilen Rohstoffen beitragen und das Image von Plastik weiter verbessern. Zellulosewerkstoffe werden seit langem im großen Umfang produziert, bei stärkebasierten Kunststoffen, Polymilchsäure (PLA) und Polyhydroxyalkanoate (PHA) ist das erst seit wenigen Jahren möglich. Auch die Standardkunststoffe PE, PP und PVC können aus nachwachsenden Rohstoffen hergestellt werden. Das geschieht mit Syntheseverfahren, die über Bio-Ethanol laufen. Bio-PE wird bereits in kommerziellem Maßstab produziert, Bio-PP und Bio-PVC sollen folgen. Diese Gruppe von Kunststoffen bezeichnet man als Drop-in Biokunststoffe. Bei technischen Anwendungen wie beispielsweise textilen Fasern für Sitzbezüge und Teppiche, bei Schaumstoffen für Sitze, Gehäuseteilen, Leitungen, Schläuchen und Überzügen kommen auch biobasierte technische Kunststoffe zum Einsatz. Generell liegen bei den Biokunststoff-Anwendungen Taschen und Beutel an der ersten Stelle. Es folgen Füllmaterialien, Verpackungen und Folien. Auch die Automobil- und Elektronikindustrie setzt Biokunststoffe ein. Cateringprodukte, Hygieneartikel, Textilien, Sport und Freizeitprodukte werden aus den Biowerkstoffen hergestellt. Markenartikelanbieter der Lebensmittelindustrie verkünden, in den kommenden Jahren ihr Konzept Bio plus Recycling immer weiter auszubauen. Automobilhersteller haben sich eine Zukunft mit biobasierten Kunststoffen im Automobil auf die strategischen Fahnen geschrieben. Kosmetikhersteller wie Shiseido, Konsumgüterhersteller Procter & Gamble, Nestlé und Handelskonzern Walmart werben bei ihren Kunden damit, bald immer mehr Biokunststoffe einzusetzen. (4)

Marktvolumen und -entwicklung

Die derzeitigen Ankündigungen der Konzerne erreichen eine Größenordnung von fünf Millionen Tonnen und übersteigen damit das gegenwärtig mögliche Produktionsvolumen für Biokunststoffe um ein Vielfaches. Doch die Announcements der Marketingstrategen müssen erst mal in die Tat umgesetzt werden! Momentan machen die Biokunststoffe weniger als ein Prozent am Gesamtmarkt für Kunststoffe aus. Doch Marktbeobachter schreiben ihnen ein rasantes Wachstum zu. In den letzten Jahren lag ihr durchschnittliches Wachstum zwischen 20 und 30 Prozent pro Jahr. Die weltweite Produktionskapazität für Biokunststoffe soll sich bis 2015 gut verdoppeln. Inzwischen ist die Eine-Million-Tonnen-Schwelle überschritten. [Abb. 2], (4)

Das Marktforschungsinstitut Ceresana Research erwartet für den globalen Biokunststoff-Markt einen Umsatz von mehr als 2,8 Milliarden US-Dollar im Jahr 2018, was durchschnittlichen Wachstumsraten von 17,8 Prozent pro Jahr entspricht. Wichtigster Absatzmarkt für Biokunststoffe war im Jahr 2010 Europa mit einem Anteil von rund 48 Prozent am weltweiten Verbrauch, gefolgt von Nordamerika und Asien-Pazifik. Auch bei den Biokunststoffen geht die Branche davon aus, dass sich die Region Asien-Pazifik bei Produktion und Verbrauch bald an die Spitze setzen wird. Eine starke Marktposition erarbeitet sich Brasilien, das Bio-Polyethylen im ganz großen Stil herstellt. (5)

Anbieter

Zu den bekannten Global Playern in der Kunststofferzeugung zählen BASF, Bayer, Lyondell-Basell, Dow Chemical, DSM, DuPont und Solvay. Betrachtet man die Biokunststoffe, so tauchen allerdings unbekanntere Namen auf. Marktführer in der Herstellung von PLA ist beispielsweise NatureWorks LLC aus den USA. Stärkewerkstoffhersteller sind zum Beispiel die amerikanischen Anbieter Novamont, Cereplast, El Segundo, Cardia Bioplastics aus Australien oder SPhere-Biotec aus Paris. Sie hoffen auf ein baldiges gesetzlichen Aus für die Plastiktüte ebenso wie eine Reihe von Kunststoffverarbeiter wie BioBag International aus Norwegen, SPhere-Biotec aus Frankreich, und die deutschen Verarbeiter Wentus Kunststoff GmbH oder Victor Güthoff & Partner GmbH, die sich auf die Biobeuel spezialisiert haben. Der bisher einzige Produzent Braskem liefert biobasierte PE-HD- und PE-LD-Typen sowie grünes Ethylen. Etliche Hersteller investieren in biobasierte Butandicarbonsäure (Bernsteinsäure, Succinic Acid) oder Butandiol, die als Monomere zur Herstellung biologisch abbaubarer Polyester genutzt werden können. Der niederländische Hersteller Purac Biochem will zusammen mit BASF Bernsteinsäure herstellen. In Partnerschaften mit Folienverarbeitern entwickeln Unternehmen wie BASF, Novamont, FKUR Kunststoff GmbH aus Willich oder Innovia Films aus Belgien immer neue Typen von bioabbaubaren Mehrschichtfolien oder Papierverbunden mit verbesserten Eigenschaften. BASF hat dazu einen besonders gut geeigneten Kaschierklebstoff erfunden und jüngst kommerzialisiert. (4)

Fallbeispiele

Vom Computerhersteller Fujitsu gibt es Mäuse aus nachwachsenden Rohstoffen.

Coca-Cola will seine Kunststoffgetränkeverpackung langfristig komplett von fossilem auf vollständig biobasiertes PET umstellen.

Heinz Ketchup will bis 2020 sein Sortiment weltweit auf die grüne PET-Flasche umstellen.

Die 1,5-Liter Mineralwasserflasche Volvic von Danone gibt es seit 2010 als teilweise biobasiertes PET. Danones Joghurtbecher für Activia ist aus Ingeo-PLA (Polymilchsäure) und recyclingfähig, das Joghurtgetränk Actimel wird in der Flasche aus Bio-PE angeboten.

Procter & Gamble füllt sein Panthene Shampoo in

Bio-PE Flaschen des Herstellers Braskem.

Toyota hat in seinen Modellen Prius, dem neuen Hybrid SAI oder Lexus 200 bereits bis zu 60 Prozent Biokunststoff im Innenraum verbaut - vom geschäumten Sitz aus pflanzenölbasiertem Polyurethan, den Textilbezügen oder Fußmatten aus teilweise biobasiertem Polyester (PTT) bis hin zu Bio-PET als Instrumententafelhaut. (4)

Zahlen & Fakten

Abbildung 1: Kunststofferzeugung in Deutschland

Erzeugung von Kunststoff in Deutschland 2010	Veränderung in Prozent	
Produktion	20,7 Millionen Tonnen (Schätzung)	18,8%
Umsatz	23,4 Milliarden Euro	29,4%
- Inland	10,0 Milliarden Euro	31,5%
- Ausland	13,4 Milliarden Euro	28,1%
Beschäftigte	36.738 Personen	-0,6%
Außenhandel		
-Export	12,2 Millionen Tonnen	11,9%
-Import	8,4 Millionen Tonnen	16,0%
-Saldo	3,9 Millionen Tonnen	5,4%

7,6 Milliarden Euro   21,3%

Quelle: Statistisches Bundesamt, Arbeitsausschuss Statistik und Marktforschung

Entnommen aus: PlasticsEurope (6)

Abbildung 2: Weltweite Produktionskapazitäten für Biokunststoffe nach Materialtyp

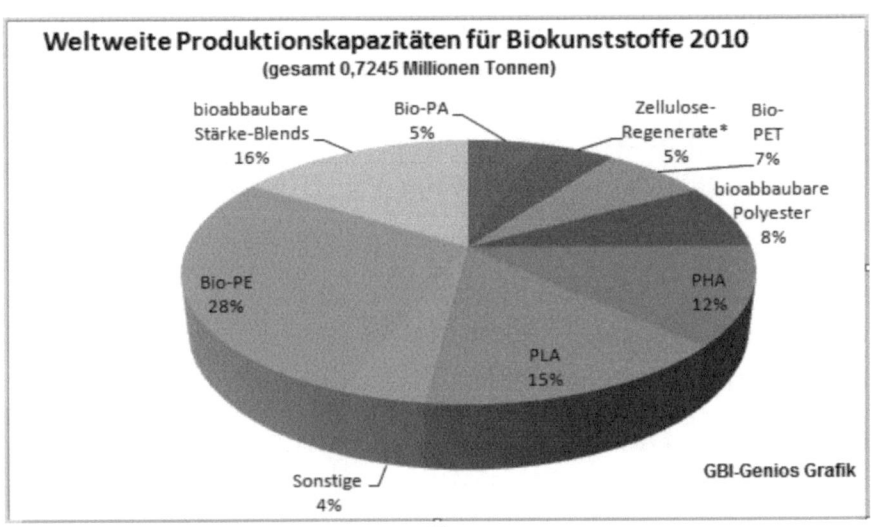

* nur Zellulosehydrat Quelle: European Bioplastics/FH Hannover Entnommen aus: Kunststoffe - Werkstoffe, Verarbeitung, Anwendung, Heft 10/2011, S. 117-125 (4)

Weiterführende Literatur

(1) Deutsche Kunststoffindustrie stagniert im zweiten Halbjahr 2011 auf hohem Niveau
aus chemie.de News vom 31.01.2012

(2) GASTKOMMENTAR Mit Kunststoff Chancen für die Zukunft schaffen
aus Kunststoffe - Werkstoffe, Verarbeitung, Anwendung, Heft 10/2011, S. 16

(3) Kunststoffe – eine weltweite Erfolgsgeschichte
aus CHEManager 23-24/2011

(4) Biokunststoffe
aus Kunststoffe - Werkstoffe, Verarbeitung, Anwendung, Heft 10/2011, S. 117-125

(5) Wirtschaftsfaktor Nachhaltigkeit: Ceresana analysiert die Erfolgsgeschichte Biokunststoffe
aus chemie.de News vom 09.12.2011

(6) Aktuelle Daten zu Wirtschaft und Kunststoffindustrie. Erzeugung von Kunststoff in Deutschland 2008 bis 2010
aus chemie.de News vom 09.12.2011

(7) Kunststoffbranche in Rekordlaune
aus Frankfurter Allgemeine Zeitung, 23.02.2012, Nr. 46,

S. 13

Impressum

Kunststoffe - Globale Nachfrage steigt weiter, Biokunststoffe mit starken Wachstumsaussichten

Bibliografische Information der deutschen Nationalbibliothek

Die Deutsche Nationalbibliothek verzeichnet diese Publikation in der deutschen Nationalbibliografie; detaillierte bibliografische Daten sind im Internet über http://dnb.d-nb.de abrufbar.

ISBN: 978-3-7379-2272-2

© 2015 GBI-Genios Deutsche Wirtschaftsdatenbank GmbH, Freischützstraße 96, 81927 München, www.genios.de

Alle Rechte vorbehalten. Dieses Werk ist einschließlich aller seiner Teile – z.B. Texte, Tabellen und Grafiken - urheberrechtlich geschützt. Jede Verwertung außerhalb der Grenzen des Urheberrechtsgesetzes bedarf der vorherigen Zustimmung des Verlags. Dies gilt insbesondere auch für auszugsweise Nachdrucke, fotomechanische

Vervielfältigungen (Fotokopie/Mikroskopie), Übersetzungen, Auswertungen durch Datenbanken oder ähnliche Einrichtungen und die Einspeicherung und Verarbeitung in elektronischen Systemen.